Claude

DEBUSSY

L'ISLE JOYEUSE

FOR PIANO

K 03379

L'isle joyeuse

Retenu - - Tempo
poco cresc.
più p

più p
pp
un peu en dehors
mf
dim.
pp
mf
dim.
p

p
pp
mf
mf
pp
mf
mf
cresc.
8
tr♯
tr
f
f

Un peu cédé. Molto rubato
p ondoyant et expressif

più p
p
8
p e cresc.
mf
p
più p
a Tempo
p
3
mf

p
pp
p
mf
p
p
8
pp
p expressif et en dehors
p

pp
p
pp
p expressif et en dehors
p
p
cre - - - - - - scen - - - - - - - do - - - - - - - -
f

f
p poco a poco animé e molto cresc.
sempre cresc.
f
f
Plus animé
mf
mf

p
p
poco a poco cresc.
f

pp subito
p
p
p
p
f
mf
f

mf
f
più f
Un peu cédé
ff
très en dehors
3

più ff
ff
Tempo: très animé jusqu'à la fin.
fff
8va bassa